# 毒舌娘の人生は毒だらけ

DOKU ZETSU MUSUME

comorava

清流出版

# はじめに

女性が笑顔で辛辣（しんらつ）な言葉を吐いています。実際には言わない心の声を表現したら、ブラックなあるあるネタになりました。

皆さんは対人関係を円滑に過ごせているでしょうか？　友達、上司、お客様、私たちは人間関係のストレスを抱えながら生活しています。

強く言われると「あ、そうですね」と相手に合わせるけど、少しモヤモヤした気持ちになります。そんなとき、はっきりものが言えるもう一人の自分が心の中で顔を出すかもしれません。

「言われた人の気持ちにもなってみなさいよ」と言われたら、「考えたけど、やっぱり言ってよかったと思えました」と言いたいし、マツエクしているのに「スッピンなんです」って言う子には、「マツエクって顔の一部なの？」って思うし、「嫌ならやめればいいじゃない」なんて言われたら「そんな安易なアドバイスは要りません」と言いたくなる気持ちもあります。

思っても言えない気持ちを、笑顔でさらりと言い放つ自分を想像するとどうでしょう。

本書は、「言ったつもりでスッキリ、言われた気持ちでガッカリ」をテーマに、現在インスタグラムに投稿している「毒舌娘」の一言に、エッセイを添えたものです。毒舌娘本人になりきって女性目線で書いた文章と、男性である作者自身の目線で書いたエッセイがあります。

インスタグラムのフォロワーは現在三千人です。以前は十四万人いたのですが、アカウントが乗っ取られてしまったので、もう一度やり直しています。しかし、私のやることは変わりません。

日頃のストレスの解消に、クスッと笑っていただけるところがあれば幸いです。

contents

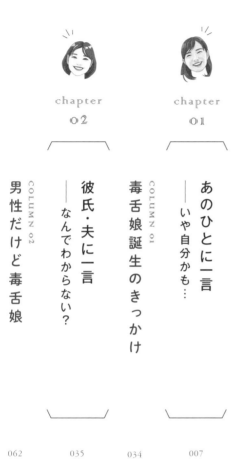

chapter

01

# あのひとに一言

いや自分かも…

その話、
友達じゃなくて
自分でしょ？

1－1

# 「友達の話」は熱弁するとバレる。

浮かない顔で「友達の話なんだけどさあ」と前置きされて相談を受けることがあります。

話しているほうは感情がこもってきてだんだん自分の話っぽくなってくるから、聞いているうちに薄々感づいてしまうけど、それでも語尾に「らしいよ」を付けられると、こちらも気付かないふりをするしかないですよね。

私はあくまで知らないその人のこととして答えなければならず、うかつに本人に直接アドバイスをする口調になってしまったら失敗です。

まあ、浮気の相談なんかだとやっぱり「自分が」って言えない場合もあるかもしれないけど、そんなときには心の中で言ってしまいますね。

「その話、友達じゃなくて自分でしょ？」

この話、内緒ね。
うん、わかった。
みんなにも
そう言っとく。

1－2

## 一人にバレたら内緒はない。噂の拡散率高し。

同僚と営業の男の子がイチャイチャしているところを目撃してしまいました。「実は私たち付き合ってるんだ」とカミングアウトされた後に、「この話内緒ね」と口止めされたとしても、聞いているそばから違う友達の顔が浮かんできてしまうんだから仕方がありません。

特ダネを見つけて友達に話せるワクワク感を消し去ることはできず、規制線を破って話してしまうことになるでしょう。

もちろん友達に話すときは最後に「この話内緒ね」って釘を刺して。

友達は真顔で頷(うなず)くでしょう。

「うん、わかった」

そして心の中で言うのでしょう。

「みんなにもそう言っとく」

いくつに見える?って聞かないでほしいんです。
駆け引きが面倒なので。

1－3

## 年齢を当てちゃダメ。適度に若く外してリアクションは大げさに。

たまに、「いくつに見える?」と聞いてくるおばさんに対して、そこまで若く言ったら嫌味になるでしょうと突っ込みたくなる回答をする子がいますが、仕方ないんですよね、実際の年齢より上をいくというタブーを犯すよりはマシなんですから。

女性の年齢を当てるのは面倒くさいです。こちら側も喜んでもらいたいというサービス精神が働いてしまうこともあり、つい駆け引きをしてしまいます。かけ離れず、回答に悩みすぎず、年齢を明かされたときは「えー見えない」と驚きのリアクションをもって担ぎあげるとか。

ああ面倒くさい。

実際の年齢より上を言われてもショックを受けないでいてくれるなら、なんにも問題はないのに。

あんなに悪く
言ってた人とでも、
こんなに仲良く
話せるんです。

## 1－4

そうです、そうなんです。これはもう、人間関係を円滑に進めるために身に付けた技。

裏表をしっかり作ります。

みんな多かれ少なかれやってますよね。

悪口が良くない？

気の合わない人と無理して接することがストレスになって、そのはけ口に悪口を言って解消するわけですから、自然の流れではある気がしますが、良くないか……。

それにしても、この毒舌娘の「こんなに仲良く話せるんです」って、本人の前で直接説明している感じに、デリカシー崩壊の面白さがあると思います。

**裏表作って、深く考えず、面倒な人間関係を円滑にね。**

本当のことを言っただけなのに
ダメなんですか？
ダメな場所で
あなたは言ったの。

1－5

「こちらが私の先輩です」

「ああ、面倒くさいって言ってた人ですね」

「ちょっとやめて！」

「言ってましたよね？　本当のことを言っただけなのにダメなんですか？」


ダメに決まっているでしょう、本人の前で暴露されるなんて、想像もしてなかったわ。私の心だけでなく先輩の心も傷つけることになったのに、知らんぷりの図々しい後輩。もしかして空気の乱れも感じてない？

デリカシーのない人は平気で人を傷つけます。子供ならまだしも、大人になってもやってしまう人はいますね。そんな人とは、もうわかってもらえなくてもいいから、バイバイ！

**言っている意味がわからなくていいから、バイバイ。**

イケメンが一人もいないって
言ってる私たちの中に、
美人が
一人もいません。

## それでもやっぱり女は愚痴る。

1－6

合コンの席には、芸能人じゃあるまいしイケメンはいません。マシな人がいるだけ。

思えば、学校のクラスにもクラブ活動にも職場の部署にも、マシな人がいるだけでした。

そんなことを思い出しつつも、マシな人とのおしゃべりを結構楽しみます。そして男性陣のいない化粧室では、アイラインを引き直し、前髪を整えながら友達が言います。

「今回特にひどいわ」

言っている本人はなかなか気付きにくいかもしれないけど、客観的にそれを聞いている私にはわかります。

こちら側にも美人がいない……。

勝手に競争意識持たれて、
勝った勝った〜って
言われました。
どうでもいい。

1-7

勝手に仕事でライバル意識を持って勝負してきて、後でわざわざ「勝った勝った〜」って報告してくる、うっとうしい同僚。

どうでもいい人だから腹を立ててはいけないと心に言い聞かせています。だって相手は私からすれば格下もいいところ、眼中にない人なんですから。そんな人が横からとやかく言ってきても、私は涼しい顔で受け流すだけで、後には記憶にも残らないくらいのものでいたいんです。

根本的に合わない人とは、協調性を持って接するなんて努力もしたくないので、なるべく距離をとって関係のないところで、こちらはこちらで楽しいことを考えて過ごしていたいと思っています。

ああしかし、こんなふうに思っている時点で「どうでもいい」なんて思えてないのが悔しい。

## なるべく関わらず、別の世界をゆきたいんです。

みんなモテたいのに、
それを実現してる人の
足は
引っ張りたくなるよね。

1－8

妬(ねた)み僻(ひが)みの感情はどうして生まれてしまうのでしょう。人には向上心とか競争心が必要だから、妬み、僻むことによって、それが生まれて前に進めるのかな。それとも僻まれた側がもっと輝くための原動力になるのかな。

モテている人の足は引っ張りたくなります。ならない？　いいえ、こういう思いは心の片隅にあって、それを善意が打ち消しているはず。だから実際にそんなことはしないんです。せいぜいモテている人の欠点を探して、モテない仲間とケチを付け合うくらいのもの。かわいいものですわそんなこと。日常のどこにでもある風景です。

そしてモテている人は、妬み僻みを受けてエネルギーにして、生まれ持ったその美貌をさらに磨いていくのでしょう。

## 妬めば、妬まれた側がより輝く。

高価なプレゼントが
欲しいって言う
前に、
自分が
それに負けない女か
確かめてね。

1－9

**付**き合って半年や一年で十万円のバッグが欲しいとか言うの、どうなんでしょう。

身なりや所作の美しい人や、モラルが高く人を思いやる心を持っている人が、高価なプレゼントをもらう価値のある人ではないでしょうか。そして高価なプレゼントを渡すことができる人もまた、立派な人であってほしいですね。そういうギブアンドテイクの世界があるんですよね、なんだか美しい世界ですね。映画で観るセレブの世界が思い起こされます。芸能界や実業家たちの世界。実際どうなのかは知りませんが……。

そして改めて自分を見つめたら、そんなもの、のぞむべくもありません。恥ずかしくなってきました。求めないでおきましょう。案外今の生活も嫌じゃない、というか、楽しいものですから。

## 自分を見つめたら恥ずかしくなって、求めるのをやめました。

「私に気を使う必要なんかないのよ」
っていう言葉にはダマされない。

## 人見知りの本音なのかな。

1－10

「私に気を使う必要なんかないのよ」

なんで？　気を使いますよ。親しいわけじゃないんだから。お友達ですか？　それに、気を使わなかったら礼儀もなくなるしタメ口ですよ。飲み会での「今日は無礼講だ」と同じくらい意味がないです、そんなこと言っておきながら、何か気に障(さわ)ることを言うと「親しき仲にも礼儀あり」なんて言いだすんですよね。そっちのさじ加減じゃないですか。だからどっちみち気を使って、しかも、あたかも気を使っていないような、絶妙なフレンドリー感を出さなければならないこちらは、二重に面倒くさくて疲れます。

他にも「リラックスしてね」、「好きなようにしていいのよ」なんていう言葉には、私、ダマされませんから。

うらやましい？
あなたにも、
努力したらって
言いたい。

1－11

スイスイとやってのけるから、最初から持っていた能力とでも思われているのでしょうか？　あと、好きなことを仕事にできてうらやましいとか言うけど、あなたが見向きもしない道を選んで、あなたがしないことをたくさんやってきたことは想像できないのでしょうか？

「うらやましいなー、私、そういうの全然できない」なんて、そりゃそうでしょう。私だって努力してやっとできるようになったんですから。

相手としては、別に興味ないけど一応リアクションしとかなきゃっていう気持ちで言っている場合もあるでしょうが、そういうときは顔でわかります。心からうらやましがって、なんにも努力してない人の場合は言ってやりたいです。

「あなたも努力したら？」

**あえてこっちの道を選ばなかったくせに、**
**言わないでほしいわ。**

「直感で生きてます」って
楽しそうにしてるけど、
迷惑は
かけていますよ。

## 我が道を行く人は、迷惑をかけても鈍感で気付かない。

1−12

私です。自分で毒づいておいてなんですが……。自由に好き勝手やるにあたって、誰にも迷惑をかけないよう、段取りができるなら素晴らしいけど、直感で動く人はそういうところには鈍感なのかもしれません。陰で尻拭いしてくれている人がいるのに、そこには頭が回りません。

二十代の頃、兄妹三人で暮らしていた時期がありました。いろんな経験をしたかった私は、突然北海道の牧場に半年間アルバイトに行くことにしたんですが、家賃を兄妹で割り勘していることなんて頭から飛んでしまっていて、その半年間は家賃を払っていませんでした。私の分は親が支払っていたみたいですが、他にもことあるごとに、近くにいる人に迷惑をかけてきたことでしょう。ああ、これからもきっと……。

制服がダサいって
言ってる君の、
私服のダサさ。

1－13

# 自分のことは意外に気付かない。

ありますよね、こういうこと。散々自分の学校や、会社の制服の文句を言ってて、「私服はそれかい！」と突っ込みたくなるような人……。

思い起こせば私がアルバイトをしていたファストフード店の制服は、私が在籍していた期間で二回も変わったので、その度に違和感があり、当時なにかしら文句を言っていたような気がします。そしてよく考えたら、私はオシャレ感覚など持ち合わせていないのに、私服では自分なりの着こなしを考えたりしていたので、周りから見たらちょっと変わっていたかもしれません……。

この言葉は、制服の文句を言っていたあのときの私に投げかけるのにふさわしかったと、今になって気付いてしまったのでした。

## 毒舌娘誕生のきっかけ

SNSがまだあまり広まっていなくて、ブログが流行っていた2005年頃、私も日々の出来事や詩、イラストなどを投稿していました。ある日、何かシリーズものを作ろうと思い立ち、思案を巡らせてみることにしました。

イラストものがいいな。人物を描くのが苦手なので、練習も兼ねて女性イラストを載せていこう。だけど、ただ下手なイラストを載せるだけでは見てくれる人に何も感じてもらえないので、言葉を加えてみようか。ギャップのある言葉はどうだろう。デリカシーのない言葉や辛辣な言葉。皮肉や上から目線。「え、それ言っちゃう?」と、突っ込みたくなる感じが、笑顔の女性とのギャップで笑えるんじゃないだろうか。

そんな想いで描き始めたのが「毒舌娘」です。



✦ ✦ ✦

chapter 02

# 彼氏・夫に一言

——なんでわからない？

男って
大抵自分のこと、
包容力あるって
勘違いしてるよね。

2－1

## 包容力を語る前に、感謝の気持ちを口にしろ。

わがままな男の噂をすると、自分は全く当てはまってないそぶりで、「俺って包容力あるよな」と聞いてくるバカ夫。

「あるわけないでしょう」

即答です。

「散々わがままを聞いてあげてる私のほうがどれだけ我慢してると思ってるの？　あなたは私に要求しかしないけど、私は常にあなたのお世話をしてるのよ！　やってあげてることや穏便にすませてあげてることは全部忘れて、能天気に自分はいろんなことを我慢してやってるんだって顔をするんだから、本当に腹立たしいわ」

　こんなふうに言われたのは、かつて「俺って包容力あるよな」と、能天気に聞いたバカ夫の私。

頼んでるんじゃないの。
命令してるの。

2－2

# 夫には、お願いより命令。

夫にお願い事をすると、いつも「えー、面倒くさいなー」と嫌がって動きが鈍いので、ビシッと言ってやるのがこの一言です。

柔らかく言うと、のらりくらりされるのでダメなんです。

と、まあ、今回も女性の立場で書いておりますが、お察しの通り「頼んでるんじゃないの。命令してるの」と言われたのは、夫である私です。

それなのに私としても腑に落ちるといいますか、妻の自信に満ちた得体の知れない強さに笑ってしまい、つい従ってしまうんです。

なんとも憎めないのは、毒を吐くときの妻がいつもニヒルな笑みを浮かべているってことなんです。それを感じたときに、「毒舌娘」が妻から生まれているのだと再確認させられます。

「お互い隠し事はなしにしよう」って
言った瞬間から
ダマし合いが始まるのよ。

2 - 3

## 隠し事なしってことは、ダマし合うこと。

若い頃は、ファンタジーといいますか、美しい夢の部分を持っていたいものですから、親友やカップルが、信頼の証や、特別に繋がっている感のために、「隠し事なし」のルールを作ったりしますよね。

しかし、隠し事をなしにすると、相手が嫌な気持ちになることでも、聞かれれば答えねばなりません。私はこれが好き、あなたのこういうところが嫌い、違うことがしたいけどあなたといるから我慢している。

言葉にしなければ自然に流れることもいちいち引っかかって、じゃあ、どうしたらいい？などと面倒な話し合いばかりが必要になってきます。結局世の中、思っても言わないほうがいい言葉だらけなんです。

「隠し事なし」は無理だから「ダマす」ことでつじつまを合わすことになるなら、最初からルールは作らないほうがいいですね。

怒ってるの？
仕方ないか、
器が小さいんだから。

2－4

# 短気な人は器が小さい。

怒る人は嫌いです。逆に、怒る人を好きな人はいるんでしょうか？　怒っている姿を見ると、周りも気を使って空気が悪くなるので困ります。短気な人にとっては怒らせるようなことをする相手が悪いんでしょうし、また、どこかはっきりしないような、コミュニケーションが苦手な人に苛立つのかもしれません。水と油、性格の違いだから仕方ないのかもしれませんね。

しかし、もし高圧的な態度に出られたら、自分が引き下がるだけでは負けた感が否めません。それでは悔しいから、一言だけでいいから言ってやりたいんです。

「怒ってるの？　仕方ないか、器が小さいんだから」

実際には言えませんけどね。

そうだねって
言ってほしいのに、
それはねって
解説を始める
男のウザさ。

2－5

悩み相談をして、返ってくる第一声が、「こうしたほうがいいんじゃない？」みたいな提案だったら腹が立ちます。求めているのはそういうことじゃないんです。

悩み相談に答える際は、最初に大げさなほどの共感が必要です。そして私も同じようなことがあったという具体例を示し、共感者であることを強調したら、お互いの共通ターゲットにロックオン、批判攻撃開始。

これでＯＫ！　スッキリなんです。

なのに男はすぐに分析とか解説を始め、相手が悪かったところもあれば、こちらの不注意もあるね、こうすればいいんじゃない？　ああすれば良かったね、みたいな話をします。

聞くのが面倒くさくてあくびが出るわ。

**悩み相談に必要なのは、共感と、同じターゲットへの攻撃。**

彼女に「なんでもいいよ」
って言われたら、
試されていると思え。

2－6

## 私のために考えている態度を示してね。

デートに行って、「お昼何食べたい？」って聞かれたときに、「なんでもいい」って答えるのは、大好きな彼が何を食べたいのか聞いてみたいっていうのもあるし、以前私が「こんな感じのお店に行きたい」って言った内容をちゃんと覚えていてくれて、そういうお店に誘ってくれるかテストしているっていうのもあるんですよ。

デートの流れにもよって、そのなかで最善の場所を提案してくれるかどうかも試しているし、あと私、ちょっと太った気がするからあまり高カロリーなものを摂りたくないので、その辺も考慮していただきたい。

「なんでもいい」と彼女に言われて、安易に真に受けて自分だけが食べたいラーメンや、手軽なジャンクフードを選んでちゃダメなんです。

結局、全くもってなんでもいいわけじゃないんですから。

もう一言多かったら、
殴るところでした。

2-7

## 爆発したらゼロになるかな、私の器、満タンなんですけど。

とりあえずそれくらい腹が立ったということだけは伝えておきたいです。大したことじゃないですよ、一つ一つの理由は。でも今は積もり積もってちょっとのことでも爆発しそうなんです。

夫と一緒にショッピングに行けば、洗面用のタオルや掃除に使う洗剤はともかく、ベッドのシーツは快適に過ごすために一緒に選んでもらいたいものです。なのにこういうときに夫は側にいない。店に入らず、ベンチに座っている。イラっとしながら呼びだして聞けば「なんでもいい」の一言。私なりに選ぶと、後になって「この色は嫌だなあ、肌触りはこれしかなかったの？」。カチン！

「今更文句か！　なんでもいいって言ったやろ！」

一発殴らせて！

いい人とは
言ったけど、
いい男とは
言ってませんから。

2-8

## 「いい人」は部分的、または、悪く言った後のフォロー。

男の私としては、なるほどそういうことかと改めて思い知らされます。「いい人」という言葉が、ニュアンスで使い分けされていることはわかります。お人好しだったり、太っ腹だったり。部分的にいいところがあれば、なんとなく「いい人」なんですが、そのほかの部分はイマイチなんだけどね、という意味が含まれることが多くあります。悪い噂話をした後に、フォローの意味で使われることも多いですね。

「あの人も、根はいい人なんだけどねー」

しかし、「いい男」には良い意味しかないですからね。言われてみたいものです、というか、言われてみたかった。今となっては過去形にしかなりません。私には、いい男の素養はないので、良い意味で「いい人」と言われるようになりたいです。

ドラマのストーリーの説明を
私に求めないでね。
一緒に観てるんだから。

2－9

男「あれ、この人さっきの犯人じゃない？」
女「え？　全然違うよ」
男「あれ、なんでこの人が関わってるんだ？」
女「私だって知らないよ、一緒に観始めたんだから。これから明らかになるんじゃないの？」

この女優誰だっけとか、原作は誰とか、いちいちドラマを観ながら質問してこないでほしいんです。どうせすぐに忘れて、いつかまた同じことを聞いてくるんですから。

あと、ちょっと話が複雑になるとついていけなくなって、「今、何が起こってるの？」とおバカな質問が始まるし、最悪なのは、「これってこれからどうなるの？」。一緒に観ているのにそれ聞く？

**ホント勘弁してほしい。**

俺もちょっと
手伝おうか？
全部一緒に
やるんだよ。

2－10

今日はなんだか気分が良くて、普段は気にも留めなかった妻の家事に感謝の気持ちが湧いてきて、「ちょっと手伝おうか？」なんて言ってみる。すると、「ちょっと？　全部だろ！」と、きつめの返事が返ってきて現実に引き戻される、といった経験が、男性ならあるんじゃないでしょうか。

女性の立場からすれば、「手伝うって言うのなら全部やる気持ちでやってよ。こっちだって好きでやってるわけじゃないんだから。早く終わらせて息抜きしたいんだから。生半可に本当にちょっとお茶を濁す程度に、チョコチョコっとやられて大きな顔をされたら、それに腹が立つわ」といったところでしょうか。

言いかたって大事ですよね……。

## 手伝うなら、ちょっとじゃないでしょう。

「ママのほうがいい」
って言われた？

当たり前でしょ。
必要とされる男におなり。

2－11

子供から好かれるのは母親のほうですよね。私の知り合いの父親たちも大抵は母親に負けていて、どうしたら好かれるのかと悩んだりしています。一緒にいる時間が母親より少ないのもあるのでしょうが、同じ時間を長く過ごせばいいという問題でもない気がします。性質の問題でしょうか。騒いでいる子供を、ビシッと黙らせる強さが男にはありますから、役回りとして仕方がないのかもしれません。

などと言い訳じみたことを言うと、きっと母親が怒りだすでしょう。

「家事も全部やらせて子供の行事にも参加せず、家に帰っても疲れた疲れたって言って、なんの要素で好かれると思ってるの？　無条件で子供に愛されるなんて幻想なんだからね」

必要とされる男とは何か、答えを探しましょう……。

## 「子供を怒る役回り」という言い訳の見苦しさ。

夢語ってる君は
楽しそう。
聞いてるこっちは
「動けよ」って思う。

2－12

楽しそうに夢を語る人がいます。「宝くじが当たったら、車買って、家買って、旅行に行って……」、宝くじ、買ってもいないのに。

「ギターが弾けるようになったらさあ、弾きたい曲がいっぱいあるんだ」、まだギター持ってませんね。買う予定もなさそうですね。

「いつか海外で仕事がしたいんだ。自分はもっと大きな舞台でチャレンジがしたい」と語る男には、「わかったから動けよ、英語喋れるのか？具体的に何するんだ？」と、聞きたくなります。

「言うだけで行動しない感じが伝わってくるので、あえてツッコミはしませんが、ただただ鬱陶（うっとう）しい」と、妻が言いました。

私は夢ばかり語る男です。私が熱く語りだすたびに、妻は大きくあくびをしながら、「ふぁ～あ、面倒くさい」と言います。

**男は夢を語り、女は現実を語るものですからね。**

え？
あなたのマイルール、
私にも守らせるの？

## 2-13

マイルールを守らせているという意識は、本人にはない。

他人のマイルールを私が守らなければいけないと思うと、なんだか理不尽な気がしてきます。私だってそんなことを他人に押しつけたくはないですからね。そんな気持ちで一応妻に聞いてみました。

「俺が君に守らせてるマイルールなんてある？」

すると妻が一呼吸置いて話しだしました。

「自覚してないの？　ボクシングのテレビ観戦中は、私が何言っても聞く耳持たない。結構な頻度で私をほったらかしにして山に篭(こも)りに行く。寝相が悪いのに、私の布団を取ったりしても、寝てるときの俺は俺じゃないって言う。喉が渇いたって言うだけで、飲み物が出てくると思ってる……」。もう笑えてきました。マイルールがどうというより、日頃の不満が次々と出てきて止まらないので、これくらいにしていただこう。

## 男性だけど毒舌娘

「男性なのに女性の本心がよくわかるね」と言われることがありますが、女性の気持ちは全くわかりません。「毒舌娘」はイラストが女性で、言葉を女性口調にしているから女性目線に見えるだけです。

じゃあ、なぜ私は男性なのにわざわざ女性を描くのでしょう。

どうせたくさんイラストを描くのなら、男性より女性を描いたほうが楽しいと思ったからです。もう一つは、後付けですが、女性が辛辣な言葉で夫や彼氏、一般的な男性像に対して突っ込んでも、そこまでカドは立たないと思うんです。しかし、もしもこれが男性イラストで女性の文句を言う「毒舌男子」だったらどうでしょう。

ちょっと私にはできませんわ……。

chapter

03

# 仕事で一言

腹立つ上司、同僚、理不尽な客

うん、言い訳は色々
あるだろうけど、
やれる人はやれるよ。

3－1

ダイエットができなかった理由は、職場でお菓子が配られたから。あと、友達からホテルビュッフェの誘いがあったし、誕生日が近くて自分へのご褒美（ほうび）が多かったからです。

仕事で就業時間内に資料をまとめられなかった理由は、接客が忙しかったのと、クレーム対応など思わぬハプニングが発生したのと、上司から急な用事を頼まれたからです。言い訳はどうしてこう湯水のように湧きだしてくるのでしょう。

それでもやれる人はやれる。確かにその通り。同時に二つの作業をこなせる人って、いますから。でも私には無理でした。

やれない理由を少々オーバーアクションで、申し訳なさそうな顔をして話すのが精一杯の、うだつの上がらない人間です、ゴメンなさい。

## やれない人の言い訳の多いこと。

そのため息が、
たくさんの人を
不快にしていますよ。

3－2

## ため息で、寝てないアピールほど不快なものはない。

休み明けの月曜日の出勤は、どうしてもちょっと憂鬱（ゆううつ）になります。でも、そんな気持ちを周りに伝染させてはいけないと、普通はなるべく表に出さないようにしていますよね。

ところが私の前の席の同僚は席につくなり大きなため息。あまりにあからさまなので、ここは社会人として聞かねばなりません。

「どうしたの？」

「昨日ゲームやりすぎてあんまり寝てないんだよね」

「あらー、そうなんだ、つらいね」

きっと周りにも聞こえていたと思うんですが、誰もが思ったことでしょう、不快だ、と。そういう理由ならおおっぴらにため息をつくべきではない。大人なら仕事とプライベートをきっちり分けてくれ、と。

まだお説教
続きます？
なんで
怒られてるのか
わからなくなって
きましたけど……。

3-3

## 長いお説教は、うまくオチに繋げられるかが気になって集中できない。

お説教をされている以上、相手の言葉を真摯（しんし）に受け止め、反省し、今後に生かすよう心に刻まなければなりません。なのに長くなると、あれ？　怒っているほうも話をまとめられなくなっちゃっているんじゃないだろうか？と、怒られているこちらが心配になってしまうことがあります。もしかしてオチに繋げられなくなっちゃっているのかな？　大丈夫かな？　しばらくして一旦脱線した話がぐるっと回って、なんとか最初の問題点に戻ってオチに繋がったときは、正直ホッとします。

こういうときは、なんで怒られていたのかよりも、話が逸（そ）れて過去の自慢話になったのによく元に戻ることができたなぁ、相槌（あいづち）のタイミングが良かったとかもあるよな、なんて本筋と関係のないところでの感想を巡らせて終わってしまいます。

怒鳴らないでね。
そういうのが
一番見苦しいから。

# 怒られている人より、怒鳴っている人のほうが見苦しい。

3－4

人が怒鳴(どな)っている姿はその場の空気を全部ぶち壊すから嫌いです。
怒っているほうは自分の正義を周りに知らしめる効果もあると思っているかもしれませんが、見苦しいです。

なんならミスした人よりあなたのほうが迷惑です。

スーパーでの出来事です。皆さんも目にしたことがあるかもしれませんが、商品を買ってレジを待っていると、急に後ろのほうからレシートを握りしめて割り込んできたおばちゃんが、レジの店員に、「割引シール付いているのに割引されてないんだけど。百円割り引いてよ」と怒鳴ってきました。気持ちはわかるけど、レジに並んでる私には関係ありませんよね。言いたいことがあるならきちんと並んで、レシートと商品を出して、これで合ってる?って静かに言ってもらえませんか?

ごめんね、
要領が悪いとは
聞いてたけど、
そこまでだと
思わなかったの。

3-5

# 「要領が悪い」は、大抵は謙遜、まれに本物。

いますます、要領のすこぶる悪い人。そういう人は「行ってきます」と家を出ても必ず忘れ物で一回は戻ってきますよね。あと、ちょっと複雑なことを処理しようとするとテンパってあたふたしますよね。細分化した作業を一つ一つ確実に終わらせれば良いところを、焦ってあっちもこっちも手を出して逆にわからなくしてしまうし、やるべきことも忘れます。それでもって詰めが甘いです。なんとか段取りができて、あとは計画通りに作業するだけってところでドジります。一回で用を済ますことができず、同じところを行ったり来たりします。あと電話も同じ人に何回もしますよね。「何度もすみません、先ほど言い忘れたんですが」とか言って……。

私です。きっと、そこまでだとは思わなかったと思われています。

お疲れ様って
言ってからの話が
長いです。

3－6

# 「お疲れ様」は、雑談を始めましょうの意味。

残業もなくスムーズに仕事が終わって、気分良くロッカールームの扉を開けた途端、「お疲れ様ですー」。げ、先輩。

「今日のさー、チーフの説教、最悪だったよねー、なんでああいうことをさー、後になって言ってくるんだろうねー」

「ほんとですね……」

「あとさー、出張帰りのお土産ってさー、リクエストとかできないのかなー、いつもセンスないものばっかり買ってくるよねー」

「ほんとですね」

そんな話をあれこれ聞かされていたらもう三十分経ってます。こんなことなら残業してお金稼いでるほうが良かった。

無責任者の
腕章も
あればいいのに。

3－7

## 話しかけられたくない人にオススメの腕章です。

社内の監査や管理部門の調査で、聞かれたことがわからない。「あなたはなんでわからないの？」という顔をされたとき、無責任者の腕章をしていれば、「ああ、だからわかってないような顔をしてるのか」と受け止めてもらえて、こちらとしても安心できる気がするので、あったら欲しいです。できない人にレッテルを貼るのは良くないという風潮は今もあると思いますが、私はできない人でいいからレッテルが欲しいです。できないことは諦めて、できる人に任せたいです。

イベントなんかでお客さんに直接対応する機会が多いと、必ずトラブルが発生しますよね。そんなときも、「私は上から言われて働いているだけですよ、全体は把握していないですよ、私には質問してこないでくださいね」っていう思いを込めて、無責任者の腕章が欲しいです。

仕事辞めたいって
言い続けてた上司が
ついに、
定年を迎えました。

3－8

思わず、「結局定年までいたのかよ」と、突っ込みたくなります。「でも良かったじゃないですか、本当に辞めることができて」という嫌味も飲み込んで、私は「残念です、本当にお世話になりました」と、寂しそうなふりをして社交辞令を言うことでしょう。しかしその後、上司から何食わぬ顔で、「再雇用でまたこの職場で働くことになったから」なんて言われたら、勘弁してくれ、という気持ちが顔に出てしまうかもしれません。

　しかし、サラリーマンは定年を迎えると一気に老けると聞きますから、結局定年を迎えても元気な方は、再雇用で働くのが良いのでしょうね。愚痴ばっかり聞かされるほうもつらいので、その辺りはなんとかしていただきたいですが。

## きっとあの上司は再雇用で戻ってくる。

お客様のように
難癖つけたい方は、
お引き取り
いただく方向に
仕向けています。

3-9

## お話は聞きます。こちらからは話しませんけど。

販売員に丁寧に接客されて、何を言っても許されると思うのか、調子に乗っておかしな持論を展開し始めたり、何か不満があると自分で自分を客扱いして、「客をなんだと思ってるんだ」と怒りだしたりする客。店としては売り上げが上がったほうがいいけど、販売員も人間ですから、そんな高圧的な客には買っていただかなくても結構。

予算が合わなくて買えるものがないからって、商品に難癖をつけ始めたりするのも逆ギレの一種でしょうか。お帰りいただきたいので、コミュニケーションを取ることはやめにします。そちらから一方的に話したいだけ話してください。

もうこちらはニコニコするだけにします。お客様が喋ることに飽きて帰りたくなるのを待っています。

論破したほうの人が
感じ悪いと、
「口が達者なだけじゃん」
って思います。

3-10

## 言い負かして、勝っている気にならないでもらいたい。

意見が分かれたときは、お互いが自分の正当性を主張します。相手が例え話を使って私のことを頷かせたりして、上手に意見を誘導してきたとしても、感覚的に違うから相手の意見にはなびきたくありません。でも、それを具体的に言葉にできないから、結局私が折れるような形になります。そうやって言い負かされそうになったときに、畳み掛けるように「そんなことも知らなかったの?」とか、「だから言ったでしょ? 私の言う通りだったでしょ?」なんて付け加えられたら、下に見られたようで腹が立ちます。口が達者だから言い負かした感じになっているけど、こっちはちっとも納得してないんだからね。

というか一番がっかりすることは、自分の口下手すぎなところなんですけどね。

時間ができたら
連絡します！
という、

優先順位の低さ。

3-11

## 自分のゆとりのほうが優先。

誰かに誘われたり、面倒なことを頼まれそうになったときに、忙しいフリをして「時間ができたら連絡します」と言うのは、良い逃げの言葉だと思います。この言葉には、悪く言えば「あなたの話を聞くに値する時間ができたら連絡しますが、多分ないでしょう。なぜなら、息抜きにゆったりとSNSなどをする時間のほうが遥かに優先順位が高いからです」というような思いが含まれています。

特に私は一人でいる時間が好きなので、人から誘われても会いたくないときには、色々予定がある旨を伝え、「時間ができたら連絡します」と言って、放置します。

そんなときに罪悪感を少し感じつつ、相手に対して優先順位の低さを感じてしまうことがありますね。

私がいなくなったら
どうするの？って
言うけど、
どうにでもなります。

3-12

# 嫌な先輩への、反撃の妄想は自由ですから。

ちょっと仕事ができるからって、「そんなこともできないの？」というような顔をするのはやめていただきたい。先に入社しただけのことじゃないですか。もう少ししたらあなたくらいにはなります。

それと、あなたの変なこだわりが業務を複雑にして進行を遅らせていますよ。シフトはもう少し早く作ってくださいね。いつも期限守れていませんから。あと、残業は多ければ多いほどいいと思ってますよね。その考え、押しつけてほしくないです。

いつも忙しそうにしていますけど、先輩がいなくなったらどうなるか試してみてもいいですよ。バカンスにでも出かけてみてはいかがですか？　あなたの存在価値がどんなものかわかりますから。

……なんて反撃の言葉を想像してみました。

「無理しなくていいのよ」
って言われても、
空気を読んで
やるしかないでしょう。

3-13

## 「無理しなくていいのよ」には、エールが含まれている。

日常の業務にプラスして新たに仕事を言いつけられると、面倒な気持ちになります。

「無理しなくていいのよ」と言われても、「ありがとうございます」と答えて、結局無理しなければならないでしょう。仕事が終わらないほうがもっと面倒なことになりますからね。もちろんそれよりも、無理してしくじって大失敗することのほうが面倒なんですが……。

つまり「そうならないようにね」って言われているのと同じなのかもしれませんね。

ただ、指示を出すほうも鬼じゃありません。もう一つの意味として、「ファイト!」っていうエールが含まれているでしょうから、仕事である以上、面倒だと思わない広い心を持ちたいものです。

## 妻は毒舌娘

　妻のことを書くことになったので、この文章も妻からの検閲を受けました。

「最後のところに、妻は優しいです、決して暴力は振るいません、って書いておいたら？」と言われて、怪訝な顔をしたら速攻でゲンコツが飛んできました……。

　私が「毒舌娘」を面白いと思うのは、妻を面白いと思うからです。

「毒舌娘」の言葉は妻から生まれていることが多々あります。

「お出かけするのにまだ着替えてないの？」と言われ、私が面倒くさいなー、という顔をすると、余裕の笑顔で、「怒りたくなったら言ってね、怒り返すから」と言ってくるし、反論をすると、「喧嘩？　喧嘩なら勝つよ」とファイティングポーズをとってきたりします。言われたこちらも面白くなって、笑って言うことを聞くしかないのです。

chapter 04

# 美容・ダイエットで一言

——言ってはいけない

あんなに、
細かったのにね。

4－1

久しぶりに会った友達の体型が、驚くほど負の方向に変貌を遂げていたらどうでしょう。

「わあ、久しぶりー、元気だった？」と、懐かしさをこめて第一声を上げながらも、心に広がる思いは、見た目の変わりようについてしかありません。どうしても過去の姿と比べてしまいますからね。

ということはつまりこちらも思われているわけで、痛いところ……。

仕方がないんです。両親もぽっちゃり体型だし、そんなに不摂生をしたわけでもないのにこうなんだから。思えばあの頃痩せていたことのほうが不思議だったんです。

ただ、自分のことを棚に上げてでも、あの頃スタイルが良くて威張っていたあの子にはこの言葉、言ってやりたいものです。

## 結局こっちの体型が本当だったのね。

夏までに
痩せたいんだけど、
まだ早いよね。

4－2

## 食欲は海水浴よりも強い。

冬の間に蓄えたこの脂肪を、夏までに全部溶かしてしまいたいんだけど、何かいい飲み薬はないかな。とか、食べながら痩せられるサプリがあると聞いたんだけど、高いんでしょうね。とか、一通り思い巡らした後に現実に戻り、ダイエットの計画を立て始める新緑の五月。

さて、いつ始めるか。五月だとまだ早い気がするので、やはり六月でしょうか？　よし、最後に美味しいケーキを食べて明日から始めよう。

そして幸せに浸った翌日に、やっぱり明日から……。

そんな決意と最後の晩餐を何回も繰り返して結局、「太ってるやん！」

そして海開きの日を迎え、諦めるんです。

タンクトップにならなければいいか。海に行かなければいいか……。

年齢には勝てないから、
ファッションにも
路線変更は必要だと思います。

## 勘違いファッションも、本人を前にしたら褒めるしかないでしょう。

4-3

若さでどんな洋服でも着こなせる時代はやがて終わりを告げます。アラサー、アラフォーになると、膝に肉が乗るのでミニスカートは穿けないし、二の腕の振袖肉のせいで腕も出せません。なので、どうしてもお尻まで隠れる洋服や季節の関係ないデニムを穿いて過ごすようになります。悲しいけど年齢に合わせたファッションの路線変更ですね。

たとえスタイルが良くて、若い子に負けてないと思っても、フリフリの服を着れば、年相応の顔とのギャップが激しすぎるのでやめたほうがいいです。面と向かっては言えませんよ。逆にお褒めの言葉が口からこぼれだすから会話なんてなんの意味もないです。

「若いですね、スタイルがいいから似合うんだね。二十代と思われるでしょう」って言われるでしょうけど、真に受けてはいけないんです。

うそっ！
ここにあったケーキ、
私が食べたの？

4-4

## 自分が食べたことに後から気付くって……。

京都に行ったときの妻の言動は面白かったです。

ランチを食べたすぐ後に、気になるカフェを見つけました。ドリンクだけのつもりで入ってメニューを見ると、美味しそうなケーキがありました。

「私はいらないから、あなただけどうぞ」と言われたので、私だけケーキを注文。

そして注文の品も揃い、妻とさっき買った洋服の話などをしていると、ケーキの皿が少しずつ妻のほうに移動していき、気が付いたら私が頼んだケーキを妻が全て平らげていました。そして、「うそっ！　ここにあったケーキ、私が食べたの？」ですって。

食欲の秋……
おかしいね、
年中食欲の
季節なのにね。

4－5

秋のいいところ？「食欲の秋だから」と言って、食べすぎの言い訳ができるところ。

実際は年中食欲の季節だと思っているけど、季節のせいにしてはいないので、秋くらい言い訳させてください。

夏は食欲が落ちる？　落ちませんけど？

アイスクリームにかき氷、お酒を飲む人はビール。キャンプに行けば焼肉、お祭りでは焼きそば。それにエアコンの温度を調整すれば季節なんて関係ありません。

たまにデパートへ行けば、いつの季節も地方の美味しいものフェアが期間限定で開催されているから、いつでも美味しいものがいっぱいだし、お菓子やスイーツが食べたくなくなる季節なんて、ないです。

## 収穫の秋、食欲は年中。

どんだけ食べるの？
って
自分に
つっこんじゃいました。

4－6

## ビュッフェとなると、胃袋は底なし沼。

友達とホテルのビュッフェに行くと、前菜で野菜を取ってヘルシーに、なんて考えているんですが、それよりも元を取りたいという思いが根底にあるので、すぐにメインに注目してしまいます。それがまたどれも魅力的なので、食べなきゃという強迫観念に駆られてしまいます。

会話が弾んで、「何度も取りに行くのが面倒くさいわ」と言いながら、もう五巡目。結構食べられるものだと思いながらも、みんながデザートを取りだしたから、じゃあ私もとデザートを食べていると、新しい料理が登場。出来立てに惹かれて、つい取りに行ってしまいます。スイーツで締めたはずなのにまたメインに逆戻り。

私、どんだけ食べるの？

ちょっとしか
食べてないのに
全然痩せない？
それ
ちょっと
じゃないよ。

## 何をもってちょっとなのか？

4-7

「朝は食べないの」と言いながら、出勤してからずっと隣には甘いミルクティーが置いてありますね。お昼もちゃっかりデザートまで食べて、取引先の人からもらったお菓子も三時に食べていますね。

八時まで残業したからって、深夜、寝る直前に冷凍チャーハンを一人前食べたんですね。軽く六百キロカロリーですよ。食べている時間帯も太る要素がたっぷり。でも、私は相手に「あんまり食べてないね」って言ってあげるんです。そして、「身長が低すぎるんだよね、モデルの身長くらいあったら少々肉がついてもわからないから、そんなに苦労しないのに」なんて話を合わせます。

あの子はきっと、他にもまだアレコレと食べていることでしょう。

早くぽっちゃりが流行る
時代が来るといいね。

4－8

ファッションの流行は、二十年周期で繰り返すと言われています。だったら体型にも流行があって、スレンダーがモテる時代もあれば、グラマーがモテる時代があってもいいでしょう。あと、そこに「ぽっちゃり」とか「ふくよか」な体型も混ぜていただいてですね、順繰りで流行を繰り返していただくのはどうでしょう。ファッション業界でいうと、「流行色」が、「国際流行色委員会」によって二年前から決められているのと同じように。

そうなれば、色々な体型の人が喜びを感じられて楽しいと思います。「え？　食べても太れないんですか？　量が足りないんじゃないの？　間食とかちゃんとしてる？」なんて、スレンダーで悩む人に言ってあげられる時代が来るかもです。来ないか……。

## 体型の流行も順繰りで回していただきたい。

ダイエットの方法
聞いただけで
安心しちゃってない？

4-9

安心します。痩せた気持ちになって早速甘いものを食べそうになります。ユーチューブなんかでもいろんな動画が紹介されているので、タイトルを見ただけで期待大ですし、なんの努力もせずに痩せられる方法を探しだせる気がしてきます。皆さんも実際に、ストレッチやダンスを試したことがあるのではないでしょうか。

本来なら見本と同じようにやらなければいけないのに、「ここはつらいからやめとこう」と言ってやらなかったり、「そういうやり方もあるか」と頷き、感心するだけでやらず、楽な動きのものだけやって、結局ほぼ見ているだけになって、それでも動画が終わると効果があったような気になっている。そんなに楽をしても、続けるのは本当に三日間だけという現実……。

## これだ!っていうダイエット方法を試しても、続くのは三日だけ。

鏡は見てるんです。
見慣れてしまってるんです。

4−10

## 教えてくれる人がいる、ありがたさ。

ある日、今まで通れていたすき間を通ろうとしたら、お腹がつかえてしまい、愕然（がくぜん）としました。

毎日鏡で自分の姿を見ていると、体型の変化に気付きづらいというのはあると思います。特に私なんかは、毎朝の日課として仕方なく、洗顔がてらぼんやり鏡を見ている程度なので、少々の変化では気付けません。私に限らずそういう人は少なからずいるのではないでしょうか。

家族から、「あれ？　太ったよね」と言われて、「そんなことないよ」ってその場では否定したけど、その後久しぶりに体重計に乗って初めて体重が増えたことを認識して凹んだ、なんて人もいるのではないでしょうか。

他人の体型の変化にはすぐに気付けるんですけどね……。

痩せるのに三ヶ月、
ご褒美食べて
一瞬で戻ったね。

4-11

# 人生とは「ダイエットとリバウンドの繰り返し」だわ……。

チョコレートってなんでこんなに美味しいんだろう、と思っていた時期があります。ポテトチップスが最高に好きだった時期があります。最近は両方を交互に食べることにハマっています。

いけませんね。こんなんじゃダメだ、このままじゃどんどん太っていってしまうからヤバい、と思い立って少しずつ節制して、三ヶ月でそこそこの結果が出せたとしましょう。頑張った自分へのご褒美が欲しくなりますよね。そして、ちょっとのつもりがもうちょっと、もうちょっととと食べ進んで、あっという間に元通り。

おかしいですね。苦労した分とご褒美の量って、なんでこんなに一致しないんでしょう?

こうやって人生、同じことを何度繰り返していくのでしょう……。

服が縮んだ？
ホントにそう？

4-12

## 実際には、服は縮んでないよね。

「このニットはオシャレ着洗いで洗わなかったから、縮んじゃったの」

じゃあ、なんでベルトの穴の位置は変わっちゃったんでしょうね。洗ってもいないのに……。

「でも私は一日に必要なエネルギーしか摂取していないんです。お腹が空くのってそういうことでしょ？　お腹が空いてないのに食べるものなんて、お菓子とジュースと、カップラーメンくらいなのに。むしろ昼寝して、お昼ご飯食べない日もあるから、痩せてもいいくらいなんだけど」

ひどい理論を打ち立ててみても、現実は変わりません。最低限自分のせいにしたくない苦し紛れの言い訳。わかってはいるけど、太ったんじゃなくて、服が縮んだせいにしたい。

私も昔は四十キロ台
だったのにって、
小学生の頃まで
さかのぼるの？

4-13

**わかりやすい嘘でも、プライドを守っているんだから、受け流してあげましょう。**

「ちょっと待って、先に行かないで、私あんまり速く歩けないから。最近、体がなまっちゃってダメだわ。スポーツやってた頃は身軽だったんだけどね。四十キロ台だった頃もあるのよ」

なんて友達に言っているけど、私は昔のあなたも知ってますよ。小学生だった頃まで遡るのね。

というシチュエーションで考えてみた言葉ですが、実は誰でも見栄を張って大袈裟な表現をしてしまうことってありますよね。体重に限らず話を面白くしようとして、十だったのを二十にしたり、そんなに大きくなかったけど、こんなに大きかったって手を広げてみたり。そういうことの一つですから、見えすいた嘘でも、本人のプライドもありますから、受け取るほうも大目に見てあげましょうね。

## 毒舌娘の効用

普段、私たちは体裁良く人と接していたいので、相手が不快にならない言葉を選んで発言しています。なので、特に感覚の合わない人との会話は、言葉選びも慎重になり疲れます。

そんなときに「毒舌娘」を見ると、言いたくても言えない言葉をズケズケとデリカシーなく言い放っていますから、自分の思いを代弁してくれたかのようでスッキリします。言葉にならなかったあのときのモヤモヤした気持ちも、「そうそう、こういう気持ちだった」とか、「こういう言い回しで言ってやりたかった」、なんて共感できることも多いでしょう。

ただ、逆に自分が言われているようでグサッときてしまうこともありますから、そのときはなんとかスルーしていただけませんでしょうか。

chapter 05

# 人生で一言

―教えてあげたい毒舌人生訓

全部わかってからじゃないと
動けないって言う人は多分、
わかっても動けない。

5－1

こちらからすれば、やる気がないから逃げているように見えます。何につけてもそんなに理由がなきゃ動けないものですか？　失敗したくない気持ち、強すぎじゃないですか？

ピアノを始めたいと言ったのに、指が短いとか指が開かないとか、プロを目指すわけじゃないんだし、いいじゃないですか。

問題点ばかり指摘してちっとも動きださない人ってイライラします。その後、あれがないこれがないと言いだし、全て準備しても、何かにつけて難癖をつけます。なんだ、結局やりたくないんじゃん、と思ってしまいますが、本人にとっては違うようで、お互いに煮えきりません。

世の中には慎重型と見切り発車型の両極端がいてうまく成り立っているのでしょうが、もう人種が違うからわかりませんわ。

## 私にとって水と油、別人種。

どんなに言い訳したって、
今のあなたが
これまで
生きてきたことの
成果よ。

5－2

育った環境が悪かったとか、付き合ってきた人間関係のせいとか言い訳してみても、全部ひっくるめて今の自分が、これまで生きてきたことの成果。やり方は色々あったはず。

とはいえ、そう悲観することもありません。私たちは与えられた環境で頑張ったり頑張らなかったりしながら教養を身につけつつ、楽しいことは今までもこれからもたくさんあるのだから。

これまでの人生に後悔はないけど、お金持ちになりたいとか、楽しいことばかりしていたいという願望はあるので、希望を具体的にして前に進みたいですね。今からでもやれることばかり。

この時代に無事でいられることのありがたさを感じつつ、ときには自分の人生を振り返って新たに目標を立ててみるのもいいですね。

## 悲観することはない。今からでもやれることばかり。

やりたいことって、
やりたくないことを
しながら深めるんだよ。

5－3

# 世の中は、やりたくないことだらけ。

お菓子作りが得意だから、手作りマフィンのお店を経営することにしたとしましょう。食品添加物に塗(まみ)れた商品は提供したくないから、素材にこだわり、自家製ジャムを作ったりもするでしょう。色々とやることが多くなって、自分のプライベートはなくなるかもしれません。それに、お菓子作りは好きでも、経理や食材を仕入れるためのルートの確保や交渉、商品を広く知ってもらうための宣伝が、苦手かもしれません。

どんなことをするにしても、必ずやりたくないことがあり、それをしながら、やりたいことを両立していく方法を考えていくんですよね。そして期待してくれる人の笑顔を見るために、あんなにやりたくなかったことが、楽しくなっていくのかもしれませんね。

ほら、また狭い世界の
小さな失敗にこだわってる。

5-4

上司のキツい言葉にも思えますが、他人に迷惑をかけてしまったと反省している人にとっては、ありがたい言葉かもしれません。

お客様に満足のいく説明ができなかったり、報告を怠って相手に不快な思いをさせたりと、自分の未熟さに落ち込んでいるところに先輩がやってきて、さらりと対処して場を収め、フリーズしてしまっている後輩に「ほら、また狭い世界の小さな失敗にこだわってる」なんて言ったらかっこいいと思います。

広い世界の、会社という狭い枠の中で起こった、小さな小さな失敗なんて些細なこと。

それなのに、ぐちぐちと文句を言ってきたり、腹を立ててみんなに言いふらしている人にこそ、逆にこの言葉を言ってやりたいです。

**文句を言う人のほうが、小さな失敗にこだわっている。**

今が良ければ
それで良かったん
でしょ？
だったらこれで
いいじゃない。

5－5

遊び呆けていたあの頃の自分がいたからこうなったわけで、今のこの状況に納得しなければなりません。一緒に遊んでいた友達と、特に羽目を外していたあいつにも言ってやろう。

「今が良ければそれでいい」だけではダメですね。現在の充実感なんて未来から押し寄せてくる大量の出来事の波に呑まれてすぐに過去へと追いやられてしまうんですから。あんなに楽しかった時期も、もう思い起こすことすら困難になりました。

逆にプラスの面もあります。私はボクシングをやっていたので、試合で怪我をしたとしても、本当に後のことはどうでもいいと思っていました。あれは情熱だったのでしょう。そうやって頑張った事実もあるから、ある程度の自信を得られたのかな、と思います。

**遊び呆けていた自分には、きつい一言。**

腹立つわー、
見返してやりたいって、
何について
思ってたんだっけ。

5-6

あんなに腹が立っていたのにもう思い出せない。私は何について怒っていたのでしょう？　些細なことだったのか、それとも嫌なことだけ忘れられる便利な性格なのでしょうか？　どうせ忘れてしまうのなら、いっそ腹を立てていたことも忘れたいんですが……。

しかしこんなことでは成長できない気がするんです。前進への原動力って、「悔しさ」なのではないでしょうか？　だから、こんなにつらいこととは早くおさらばしたいとか、あんな言い方するような人のことをギャフンと言わせたいとか、ダメ出ししてくるあいつを見返してやりたい、と思うのは大切なことかもしれませんね。悔しい気持ちはあえて落ち着かせたりせず、バネにして乗り越えていくものなのでしょう。そう考えるほうが発展的かもしれませんね。

## 忘れると楽だけど、前には進めません。

夢に向かって
突っ走るのはいいけど、
方向が逆だよ。

5－7

## どっちに向かっているのか、知るのが怖くなるわ。

夢に向かって準備万端整えて、快調にスタートを切って、長くいい感じで走り続けたところで、「そっちじゃないよ、逆だよ」と声をかけられたらどうでしょう？　ガッカリです。ゼロスタートじゃなくて、遥かマイナススタートになってしまうんですから。

私などは、人生において計算ができず、思い立ったらまずやってみるタイプなので、失敗も多く、真逆に走りだしたことも結構あったような気がします。

私たちは、これまでにどれくらい選択肢を間違えてきたのでしょう。怖くて検証をためらってしまいますね。実際には進まなかった道に答えはないのでしょうから、前を向いて行くことにするとして、どうしましょう、まさに今、真逆に走っている最中だったとしたら……。

諦める理由
少なくない？
どちらかといえば
まだチャンスなほうだよ。

5－8

## 諦めた理由のほとんどは、言い訳。

そう言われると確かにそうかもしれません。できることを全部試したのかと聞かれれば、やらずに諦めた部分もたくさんあったし、言い訳がましい理由が多かったかもしれません。そして後から考えると、できなかった理由は、面倒くさかったから。あとは制限時間が来てしまったから。というのがほとんどです。

苦労が多かった人や、ピンチをたくさん乗り切ってきた人、そして成功した人から見たら、私たちが諦めようとしている理由なんてきっと、些細なことなんでしょうね。

ダイエットのためにジョギングを始めましたと言っていたのに、やめた理由が「仕事が遅くなって疲れてできない」だなんて言ったら、「疲れるの当たり前でしょ、それでもやるんですよ」ってなりますもんね。

白か黒かに分けるのは
やめようよ。
虹みたいに
七色だったら
楽しいじゃない。

5－9

私は常日頃、グレーゾーンは広いほうがいいと思っています。感覚は人それぞれなので、ルールが厳密に決まっていたほうがわかりやすくて安心する人もいるでしょうが、私にはないほうが心地いい、というか、そもそもルール自体があまり好きではないです。白か黒かに分けないで、七色に分けるくらいの多様性があるほうが好きですね。私もいろんな色の一つになって好きなようにしていたい。

他人には、私にとって良い部分が目立ってきたら近づいて、良くない部分が目立ってきたら遠ざかって、上手に関わっていきたいなと思っています。私にも良いところ、悪いところはありますから、周りのみんなにもうまく接していただきたい。ギスギスした世の中ですが、白か黒かなんて色気のないことを言わないで、虹色を楽しんでいきたいです。

**良いも悪いも色の一つ。いろんな色がありますから。**

心の豊かさは目に見えない。
だから誰にも奪えない。

5-10

## 心を奪われない距離を持とう。

ホッとする時間や、本当の自分でいられるリラックスした時間はとても大切なのに、私も以前はそんな時間が他人によって奪われていると感じていたことがありました。

「あなたにはこれがないからかわいそう」と、わざわざ欠点を伝えられたり、「真剣に今後のことを考えてるの?」なんて余計な心配をされると、つい考えてしまって有意義な時間が過ごせなくなっていました。

でも今は、こう考えるようにしています。私の心を乱そうとする人、攻撃するような人は、自分が不安だから人の不安が気になって問いかけてくるだけ。その人を変える必要もないけど、こちらが変わる必要もない。そういう人とは、心の距離をおきましょう。現実でも危険を感じたら、走って遠くに逃げたほうがいいのと同じように。

実は
あなたじゃなければ
ダメなんてこと、
何一つないんですよ。

5-11

## あなたが必要＝都合良く使える暇人。

「こんなこと頼めるのあなたしかいないのよ」と言って、本当はただ、誘いを断りにくくさせているだけですよね。

「どうせ暇でしょ？」みたいな言い方をされたり、魂胆（こんたん）は見え見えです。

それでも優しすぎる人はそういう誘いに、つい答えてあげてしまうんですよね。相手はあなたを下に見ているのだから、相手のことばかり考えなくていいのに。

「今度合コンがあるんだけど、あなたみたいなタイプの子が必要なの」とか言われても、急に誘ってくるんだから人数合わせでしょ。それに下に見ているから直前にでも平気で頼み事してくるんですよね。頼られているんじゃなくて、この子暇だろうなって思われているだけですから。

断っていいんです。

人生が長期戦
だってことを、
学生の頃は
気付けなかったんだね。

5-12

幼い頃から協調性がなく、自分勝手で「今が良ければそれでいい」と考え、欲しいものは親に買ってもらって毎月の収支を考えることもなく、朝起きられないと言って遅刻。そんな生活をしてきた人は多くの可能性を潰してきたことでしょう。大人な対応をしなきゃいけないとき、できなかったら社会からは冷たくされますからね。

私たちは、幼年期から青年期に、相応の年代のレベルまで人間的に成長すべきなんですね。できなかった人は、社会から冷たい目で見られたりしながらも、成長するために頑張るしかありません。人生は長期戦だから遅くはないです。それが二十代でも三十代でも、結婚してからでもいいけど、自分のやりたいことが見つけられたら、やったほうがいいですね。

## 頑張らなかった分は、どこかで帳尻を合わせよう。

「そんなこと誰にも
できるはずがない」
って言われたら、

初めての人に
なれるチャンスだ。

5-13

## たまに前向きになっただけでは、応援してもらえませんけどね。

前向きに頑張ろうとしているときに、他人に横から「無理、無理」と言われたら、あまりいい気はしません。

「無理なのは時間と労力を惜しむからでしょ」と心で呟いて、頑張ってやり遂げてギャフンと言わせてやりたくなります。

もちろん私だって、ほとんどの場面で大して頑張りもせずに諦めるタイプなので、無理と言いたくなる気持ちもわかります。しかし、そんな自分がたまに前向きになれたときくらい、「できたらいいな」の気持ちを大切にしたいじゃないですか。

ただ、「今に見てろよ！」なんて思ってみても、実際には面倒くさくなって結局諦めるので、「無理、無理」が正解ではあるんですが、それでも、こういう前向きな言葉は心に秘めておきたいものです。

大丈夫、誰にでも
失敗はあるから。
今回は
取り返しが
つかなかっただけ。

5－14

いやダメじゃん！　取り返せないなんて……。今の私です……。フォロワー数十四万人のインスタグラムアカウントを一瞬にして失ってしまいました……。

ある朝、インスタグラムに申請していた「認証バッジ」が、承認されたというダイレクトメッセージが来ました。よく、有名人などのアカウントの横に付いている青いギザギザマークです。「お、ついに来たか」と、促されるままにパスワードとメールアドレスを送信。全てが終わりました。乗っ取りの偽メッセージだったんです。

復旧のための措置も後手後手でした。私はアホです……。

でも大丈夫、誰にでも失敗はあるから。今回は取り返しがつかなかっただけ……。大丈夫じゃない！　落ち込むわ……。

## いい夢見たからいいじゃない。

## おわりに

インスタグラムで発信している以上、「毒舌娘」はたくさんの人に見てもらうことを目的にしています。そして心に思い描く最大の夢は、書籍出版でした。

インスタグラムを始めて、毎日一投稿を続けて、百投稿した時点でフォロワー数は二桁でしたので、あきらめて更新を止めたことがありました。半年ほどしてぽっと出した投稿に「待ってました」のコメントを頂いたのが嬉しくて、再び続ける決心をしたのを覚えています。

時には批判コメントもありました。強い言葉を書いておきながらこういうコメントに落ち込む私でしたが、ダイレクトメッセージで「気にしないでスルーしてね、面白いから必ず成功します」と言ってくれた方の言葉に心底励まされました。アカウントが乗っ取られた後、「それは大変だ」と、「毒舌娘」の新しいアカウントをストーリーで紹介してくれた方にも感謝しています。なんていい人なんでしょう。

コメント欄では、ちょっとキツめの毒舌も、やわらかいコメントで中和してくれる方、面白コメントで和ませてくれる方、相槌を打ってくれる方、毎日コメントをくださる方々の色々な角度からの所見も面白く、ありがたく思っています。

そして清流出版さん、インスタグラムアカウントが乗っ取られてしまったにも関わらず、本書の出版を進めてくださって本当にありがとうございました。担当してくださった秋篠貴子さんにはとても好意的にしていただき、谷口紗矢子さんにも親切丁寧にご対応いただき、楽しく執筆することができました。本のデザイナーのｋｒｒａｎさん、素敵な本にしてくださってありがとうございました。

最後に愛する妻へ、これからも面白い毒舌で私を笑わせてね。

profile

## comorava

コモラヴァ

岐阜県の山村で生まれ育ち、
現在は愛知県で暮らしている
初老男性。趣味はボクシング
と山籠り。愛する妻は毒舌家。
著書に『言わないであげてるの
～笑う女子には裏がある～』
（講談社）がある。

Instagramアカウントはこちら

https://www.instagram.com/comorava19/

staff

ブックデザイン　西垂水敦・松山千尋（krran）

# 毒舌娘の
# 人生は毒だらけ

2021年9月16日　初版第1刷発行

著者　comorava（コモラヴァ）


発行者　松原淑子
発行所　清流出版株式会社
〒101-0051
東京都千代田区神田神保町3-7-1
電話　03-3288-5405
ホームページ　http://www.seiryupub.co.jp/

編集担当　秋篠貴子
印刷・製本　シナノパブリッシングプレス

乱丁・落丁本はお取替えいたします。
ISBN978-4-86029-511-0